《두고두고 읽고 싶은 시튼 동물 이야기》는
자연을 사랑했던 작가 시튼이 실화를 바탕으로 그려 낸 야생 동물 이야기를 한 편씩
따로 엮은 책입니다. 거친 자연 속에서 누구에게도 길들지 않고 당당히 자신의 삶을
살았던 동물들의 감동적인 이야기가 생생한 그림으로 파노라마처럼 펼쳐집니다.

두고두고 읽고 싶은 **시튼 동물 이야기 6**

소년을 사랑한 늑대

초판 1쇄 펴낸날 2019년 3월 29일
초판 3쇄 펴낸날 2023년 10월 5일

원작 어니스트 톰슨 시튼 | **글·그림** 우상구
펴낸이 서경석
책임편집 김진영 | **디자인** 최진실
마케팅 서기원 | **제작·관리** 서지혜, 이문영
펴낸곳 청어람주니어 | **출판등록** 제313-2009-68호
본사 주소 경기도 부천시 부일로483번길 40 (14640)
주니어팀 주소 서울특별시 구로구 디지털로 272 한신IT타워 404호 (08389)
전화 02)6956-0531 | **팩스** 02)6956-0532
전자우편 juniorbook@naver.com

ISBN 979-11-86419-50-2 74840
　　　 978-89-93912-78-4(세트)

ⓒ 우상구, 청어람주니어 2019

※ 이 책의 내용 일부 또는 전부를 재사용하려면 반드시 저작권자와 청어람주니어 양측의 동의를 얻어야 합니다.

두고두고 읽고 싶은 시튼 동물 이야기 ❻

소년을 사랑한 늑대

어니스트 톰슨 시튼 원작 | 우상구 글·그림

| 이 책을 읽는 어린이들에게 |

우리가 몰랐던 늑대의 마음,
그 깊은 우정과 외로움에 대하여

친구들은 '늑대'를 생각하면 무엇이 떠오르니? 아저씨는 늑대를 생각하면 날카로운 이빨과 깊은 밤에 산꼭대기에서 하늘을 향해 우우, 하고 울부짖는 울음소리 등이 떠올라. 또 무서운 동물이라는 생각도 했어. 늑대는 집에서 키울 수 있는 동물이 아니고, 야생의 동물이니까. 그래서 늑대는 언젠가부터 사람들에게 가까이 하면 안 되는 무서운 동물로 자리 잡은 것 같아.

위니펙의 늑대는 새끼였을 때 호건 아저씨네 술집에 팔려갔어. 그리고 그곳에서 소년 지미를 만났지. 지미는 늑대를 무서운 동물이나 위험한 존재로 생각하지 않고, 진심으로 친구로 생각하는 아이였어.

위니펙의 늑대는 평생을 쫓기며 살았고, 세상과 싸워야 했어. 그렇지만 이 외로운 늑대의 마음속에는 항상 자신을 아껴 주던 지미의 따뜻한 사랑이 자리하고 있었어. 그래서 늘 지미의 곁을 떠나지 않고 맴돌았던 거야.

아저씨는 친구들에게 위니펙의 늑대 이야기를 꼭 보여 주고 싶었어. 이 책을 읽으며 친구들도 늑대가 무서운 동물만이 아니라 우정을 평생 간직하는 의리 있고 사랑 넘치는 동물이라는 걸 깨닫게 되길 바라.

인간과 동물의 우정에 대해 생각하며, 우상구 아저씨가

| **어니스트 톰슨 시튼** Ernest Thompson Seton **에 대하여** |

◆◆◆

동물을 따뜻한 시선으로 관찰한
자연주의 작가, 시튼

    이 책을 쓴 작가, 시튼을 소개할게.

    어린 시절을 숲이 우거진 산림 지대에서 보낸 시튼은 동물들을 관찰하고 그리는 것을 무척 좋아했어. 그래서 식물과 동물을 관찰하고 연구하는 박물학자가 되고 싶어 했지. 아버지의 권유로 영국과 프랑스에서 그림을 먼저 공부했지만, 박물학자가 되고 싶은 꿈을 버릴 수 없어 캐나다로 돌아와 글을 쓰기 시작했단다. 그러다 1897년 동물들의 이야기를 쓴 《내가 아는 야생 동물 Wild Animals I have known》을 발표하면서 작가로서 첫발을 내딛게 되었지.

    시튼이 책 속에 그려 낸 동물들은 단순히 본능에 따라 행동하지 않았어. 거친 야생의 세계에서 살아남기 위해 때로는 용기 있게 맞서고, 때로는 지혜롭게 피해 서로를 보듬는, 우리의 삶과 크게 다르지 않았지. 이야기를 읽다 보면 동물을 따뜻하게 바라보는 시튼의 시선을 느낄 수 있단다.

    훗날 '동물 문학의 아버지'로 불린 시튼은 평생 사람들의 횡포로 하나둘씩 사라져 가는 야생 동물들을 보호하기 위해 글을 쓰고 그림을 그렸어. 그리고 꾸준히 이야기했지. 자연은 "아주 좋은 것 Nature is Very Good Thing"이라고. 그러니까 반드시 지켜야 한다고 말이야.

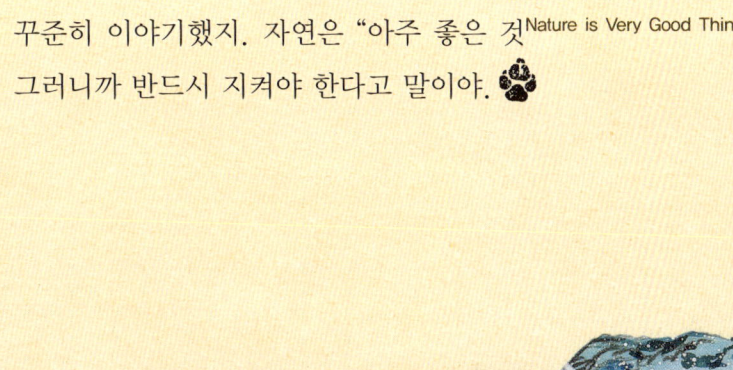

내가 위니펙의 늑대를 처음 본 것은 1882년이었습니다. 3월 중순인데도 엄청난 폭설이 내렸던 때였습니다.

나는 세인트 폴을 떠나 위니펙으로 가는 길이었습니다. 기차로 꼬박 하루를 달리면 도착할 수 있는 거리였으나 거센 바람을 동반한 폭설이 쉴 새 없이 퍼부어 위니펙으로 가는 길은 험난했습니다.

이렇게 심한 눈보라는 처음이었습니다. 온 세상이 눈에 파묻혀 눈앞을 가늠하기조차 어려웠습니다.

보이는 것은 하얀 눈과 뼛속까지 스며드는 찬바람을 타고 몰아치는 눈보라뿐이었습니다. 깃털처럼 나부끼며 앞을 가로막는 눈 때문에 거대한 기차도 멈출 수밖에 없었습니다.

수시로 건장한 남자들이 철로에 쌓인 눈 더미를 치운 뒤에야 기차는 다시 출발할 수 있었습니다. 그러나 얼마 안 가서 기차는 또 다른 눈 더미에 갇혔습니다.

밤낮없이 눈을 치우면서 달렸지만 눈보라는 여전히 심술을 부리듯 소용돌이쳤습니다. 차장은 22시간 후면 에머슨에 도착할 것이라 했지만 눈을 치우며 가느라 에머슨에 도착하는 데는 2주일이나 걸렸습니다.

기차가 미루나무가 보이는 초원으로 들어서자 덤불숲이 기찻길에 쌓이는 눈을 막아 주었습니다. 그때부터 기차는 울창해지는 숲을 따라 거침없이 달려 나갔습니다.

위니펙 동쪽 변두리에 있는 세인트 보니페이스에 가까워질 무렵, 넓이가 50미터쯤 되는 빈터가 나타났습니다. 그리고 빈터의 중앙에는 한 무리의 짐승들이 눈에 띄었습니다.

검은 개, 흰 개, 누런 개, 크고 작은 개들이 뭔가를 둥그렇게 둘러싸고 정신없이 오가고 있었습니다. 눈밭 한쪽으로는 작고 누런 개가 자빠져 버둥거렸습니다.

또 원 둘레에는 덩치 큰 개들이 컹컹 짖으며 펄쩍펄쩍 뛰었으나 다른 곳으로 움직이지는 않았습니다. 그리고 그 한가운데에는 거대하고 무시무시하게 생긴 늑대 한 마리가 보였습니다. 바로 그 늑대가 이 소용돌이의 중심이자 원인이었습니다.

꿋꿋하고 침착한 자세로 홀로 서 있는 늑대는 마치 사자 같았습니다. 목털을 곤두세우고 네 다리로 굳건히 선 채로 사방을 주의 깊게 살피고 있었습니다.

늑대는 개들을 비웃는 듯 날카로운 이빨을 드러내고 으르렁거렸습니다. 마치 덤빌 테면 덤벼 보라는 표정이었습니다.

다시 뒷전에 둘러서 있던 개들이 달려들었습니다. 그래서 그 거대한 늑대는 이리 뛰고 저리 뛰며 그 무시무시한 이빨로 몰려드는 개들을 닥치는 대로 물어뜯었습니다.

외로운 전사는 그 어떤 소리도 내지 않았습니다. 하지만 개들은 처참한 비명을 내지르며 도망치기에 바빴습니다. 털끝 하나 다치지 않은 늑대는 도망치는 개들을 조롱하는 것처럼 우아하게 서 있었습니다.

나는 그 거대한 잿빛 늑대에게 한눈에 반하고 말았습니다. 그래서 오히려 기차가 눈보라에 갇혀 멈추기를 바랐습니다. 나는 달려가 늑대를 돕고 싶었지만 기차가 빈터를 지나치자 더 이상 그 장면을 볼 수 없었습니다. 기차는 목적지를 향해 계속 달렸습니다.

나는 너무나 아쉬웠습니다. 시간이 흐른 뒤에 그 훤한 대낮에 위니펙의 희귀하고 멋진 짐승을 본 것은 신의 은총이라고 생각했습니다.

폴이라는 청년이 있었습니다. 폴은 백인과 인디언 사이에서 태어난 혼혈로, 잘생기긴 했지만 일하는 것보다 사냥을 더 좋아하는 건달이었습니다.

1880년 6월, 폴은 수풀이 무성한 레드강 강둑을 걷다가 강둑 굴에서 뛰쳐나오는 새끼 늑대를 발견하고 총을 쏘았습니다. 굴 안에는 새끼 늑대가 여덟 마리나 있었습니다. 그 당시에는 늑대 한 마리를 잡으면 현상금이 10달러였습니다.

"이게 다 얼마야."

폴은 춤을 추고 싶을 만큼 기뻤습니다.

폴은 사냥개의 도움을 받아 한 마리만 빼놓고 나머지 새끼들을 모두 죽였습니다. 한 무리의 새끼 중 막내를 죽이면 재수가 없다는 당시 미신 때문에 폴은 죽은 새끼 늑대들의 머리 가죽과 살려 둔 막내를 데리고 마을로 돌아왔습니다.

살아남은 새끼 늑대는 늑대 머리를 돈으로 바꾸어 주는 술집 주인 호건이 차지했습니다. 그리고 호건은 새끼 늑대를 술집 마당에 묶어 두었습니다. 술집 손님들이 개가 늑대를 물어뜯는 광경을 즐겼기 때문이었습니다.

새끼 늑대는 날마다 개들에게 시달렸습니다. 개들에게 물어뜯겨 죽을 고비를 여러 번 넘기기도 했습니다. 그러면서도 건강을 회복했고 한두 달이 지나면서 개들도 함부로 덤벼들지 못했습니다. 그렇지만 새끼 늑대의 삶은 늘 고달팠습니다. 삭막하고 힘든 나날들이었지만 그나마 새끼 늑대의 삶에 따뜻한 위로가 되어 준 것이 있었습니다.

그것은 바로 술집 주인의 아들 지미와의 우정이었습니다. 지미는 뭐든 제멋대로 하는 고집쟁이에 개구쟁이 꼬마였습니다. 새끼 늑대가 자기를 물었던 개를 죽인 어느 날부터 지미는 늑대를 좋아하기 시작했습니다.

지미는 늑대에게 날마다 먹이를 가져다주며 귀여워했고 늑대도 거기에 보답하는 듯했습니다. 아무도 가까이 오지 못하게 으르렁거리면서도 지미에게는 예외였습니다. 또 지미가 아무리 귀찮게 해도 잘 참았습니다.

지미 아버지는 모범적인 아버지는 아니었습니다. 아들의 응석을 받아 주었지만 화가 나면 사소한 일에도 아들을 무섭게 매질했습니다. 그래서 아버지가 화를 내면 지미는 보이지 않는 곳으로 숨었습니다.

어느 날, 지미는 또 아버지가 화를 내자 안전한 곳을 찾다가 늑대 집으로 숨어들었습니다. 갑자기 잠에서 깨어난 늑대는 문 쪽을 돌아보며 이빨을 드러냈습니다. 그리고 지미 아버지에게 분명히 경고하듯 으르렁거렸습니다.

화가 난 지미 아버지는 늑대를 총으로 쏠 수도 있었지만 혹시 아들이 다칠까 봐 어쩔 수 없이 참아야 했습니다. 그 후로 지미는 위험할 때마다 늑대 집을 찾았습니다. 지미가 늑대 집으로 숨으면 분명 또 어디서 못된 장난을 쳤다는 증거였습니다.

어느 날, 지미 아버지가 읍내 시장에 물건을 사러 갔습니다. 그래서 술집 종업원인 중국인이 혼자 가게를 봤는데 사냥꾼 폴이 술에 취해 외상술을 달라고 떼를 썼습니다.

　우직한 중국인 종업원이 외상술은 줄 수 없다고 딱 잘라 말했습니다. 폴은 화가 나서 중국인에게 시비를 걸었고 하마터면 중국인이 봉변을 당할 뻔했습니다.

　그때 옆에 있던 지미가 긴 막대기로 폴의 다리를 걸어 넘어뜨렸습니다. 폴은 화가 머리끝까지 나서 비틀거리며 지미를 죽일 듯이 달려들었습니다. 지미는 다시 잽싸게 늑대 집으로 피했습니다.

늑대가 지미를 감싸 주는 걸 보고 약간 겁이 난 폴은 조금 거리를 두고 기다란 몽둥이를 늑대에게 휘둘렀습니다. 사슬에 묶인 늑대는 몽둥이를 이빨로 물면서 매질을 피했지만 몹시 고통스러웠습니다. 폴은 지미가 울면서 서툰 손놀림으로 늑대를 풀어 주는 것을 보았습니다. 곧 늑대가 풀려날 것만 같았습니다.

분에 못 이긴 늑대가 몸부림을 치지만 않았어도 쇠사슬은 벌써 풀렸을 것입니다. 지금까지 자기가 괴롭혔던 늑대가 풀려난다고 생각하니 폴은 등골이 오싹했습니다.

폴은 지미가 늑대에게 속삭이는 소리를 들었습니다.

"흥분하지 말고 가만있어. 저런 놈은 혼이 나야 해. 이제 콱 깨물어 버려!"

폴은 걸음아 날 살려라 하고 도망치고 말았습니다.

늑대는 타고난 본능으로 그동안 자기를 괴롭혀 온 술 냄새 풍기는 사람들과 개들만 보면 무섭게 달려들었습니다. 그러나 소년은 늑대를 지극히 사랑했고, 늑대도 소년의 사랑에 흠뻑 빠져들었습니다.

1881년 가을, 콰펠 지역의 목장 주인들은 늑대 무리가 불어나면서 가축을 너무 많이 잃어 골머리를 앓았습니다. 독약이나 덫도 별 소용이 없었습니다. 마침 유명한 독일인 사냥꾼이 위니펙의 술집에 나타나 이 지역 늑대들의 씨를 말릴 수 있는 맹견을 데리고 왔다고 큰소리쳤습니다. 목동들은 늑대 사냥개를 키우면 목장에 도움이 된다는 말에 모두 귀가 솔깃했습니다.

독일인 사냥꾼이 데리고 온 두 마리의 사냥개는 한 마리는 누런색이었고, 한 마리는 검은 반점이 있었으며 특이하게 한쪽 눈동자가 하얀색이어서 매우 사나워 보였습니다. 몸무게도 100킬로그램에 가까워 보였고 근육도 사자처럼 단단했습니다.

"이 개들에게 늑대 냄새만 맡게 하면 됩니다. 하루가 지난 냄새도 놓치지 않습니다. 늑대가 왔던 길을 되짚어갈 수도 있고 어디론가 숨어도 금방 찾아낼 수 있지요. 그리고 냄새로 늑대를 찾아내서 포위합니다. 늑대가 꽁무니를 빼려고 해도 이 점박이 개가 늑대의 엉덩이를 물어 내동댕이치는 겁니다."

그러면서 롤빵 한 개를 공중으로 던져 올렸습니다.

"그리고 늑대가 바닥에 떨어지기도 전에 다시 누런 개가 늑대의 머리를 물고 다시 다른 놈이 늑대의 꼬리를 물어 찢어 버릴 수 있지요."

정말 그럴듯한 설명이었습니다. 마을 목동들은 그 사냥개를 시험해 보고 싶어 안달이 났습니다. 누군가 아시니보인 지역에 늑대가 자주 나타난다고 말하자 곧바로 늑대 사냥 팀이 꾸려졌습니다.

하지만 사흘을 찾아다녔으나 허탕만 쳤습니다. 기대와는 전혀 달랐기에 목동들의 실망도 컸지요.

그때 한 사람이 외쳤습니다.

"호건네 술집에 늑대 한 마리가 있으니 그놈을 사서 미끼로 써 봅시다. 그 늑대는 이제 겨우 한 살배기니까 사냥개가 충분히 실력을 보여 줄 수 있을 겁니다."

호건은 늑대가 아직 어려서 팔기에 양심에 가책을 느낀다며 늑대 값을 더 비싸게 매겼습니다. 그러나 사람들이 돈을 더 주겠다고 하자 양심의 가책은 금세 사라진 듯 웃었습니다.

호건은 지미를 할머니 집에 심부름을 보냈습니다. 늑대를 팔면 지미가 펄쩍 뛰면서 방해할 것이 분명했으니까요.

결국 늑대는 마차에 실려 초원으로 나갔습니다. 사냥개들은 늑대 냄새를 맡고 흥분하여 미친 듯이 날뛰었습니다. 힘센 남자 여럿이 개의 목줄을 단단히 붙잡아야 했습니다.

마차는 800미터 정도 앞서가서 늑대를 풀어 주었습니다. 처음에는 늑대가 겁을 먹었는지 어디론가 숨으려고 할 뿐 공격할 낌새를 보이지 않았습니다. 그러나 그것도 잠시, 늑대는 자유의 몸이 된 것을 깨닫고 능선이 이어진 계곡 쪽으로 타박타박 뛰어갔습니다. 순간 풀려난 개들이 사납게 짖으며 어린 늑대를 쫓았습니다. 사람들은 소리를 지르며 말을 타고 뒤를 따랐습니다.

이런 상황에서 어린 늑대는 살아날 가망이 없어 보였습니다. 개들은 늑대보다 훨씬 더 날렵했고 그중에서 누런 개는 더욱 빨랐습니다. 누런 개가 나는 듯이 초원으로 내달으며 늑대를 따라잡자 독일인 사냥꾼이 신이 나서 어쩔 줄을 몰랐습니다.

 모두들 개들이 늑대를 죽이는 것에 돈을 걸었고, 과연 어떤 개가 늑대를 죽이느냐를 내기했습니다. 어린 늑대는 전속력으로 달렸으나 500미터도 못 가서 누런 개에게 바짝 쫓겼습니다. 거리는 점점 좁혀졌습니다.

그때 독일인 사냥꾼이 소리쳤습니다.

"자! 이제 우리 개가 저 늑대를 공중으로 내동댕이치는 것을 구경합시다."

순식간에 두 짐승이 한데 엉겼습니다. 그리고 서로 튕기듯이 물러섰습니다.

한쪽이 목덜미에 상처를 입고 나뒹굴었습니다. 누런 개였습니다. 누런 개는 목숨은 건졌지만 치명적인 상처를 입은 듯했습니다.

곧이어 점박이 개가 이빨을 드러내고 달려들었습니다. 순식간의 승부였습니다. 누가 누구를 물었는지 분간이 가지 않을 정도의 찰나였습니다.

잿빛 늑대가 옆으로 겅충 뛰어오르며 재빨리 고개를 꺾었고, 다음 순간 점박이 개가 옆구리에 피를 흘리며 비틀거렸습니다.

잠시 후 술집 주인 호건이 덩치가 커다란 개 네 마리를 끌고 왔습니다. 개들은 올가미가 풀리자마자 늑대에게 달려들었고 몽둥이와 올가미를 든 남자들이 일제히 늑대를 에워쌌습니다.

바로 그때, 지미가 조랑말을 타고 달려왔습니다. 지미는 말에서 내리자마자 사람들을 헤치고 늑대를 얼싸안았습니다.

지미는 울면서 외쳤습니다.

"우리 울피, 귀염둥이 울피, 사랑스런 울피."

늑대도 지미의 얼굴을 핥으며 꼬리를 흔들었습니다. 소년 지미는 자기를 빙 둘러싼 사냥꾼들을 노려보며 눈물이 범벅된 얼굴로 차마 입에 담을 수 없는 원망을 퍼부었습니다.

소년은 겨우 아홉 살이었지만 온갖 욕설을 다 알았습니다. 아버지의 술집에서 술꾼들이 하는 말을 주워들은 탓인 것 같았습니다. 지미는 그 자리에 있는 모든 사람을 몰아세우며 원망했습니다. 아버지 호건도 그 비난을 피할 수는 없었습니다.

그해 초겨울, 지미는 심한 열병으로 앓아누웠습니다. 마당에 있던 늑대도 어린 친구가 걱정이 되었는지 구슬프게 울어 댔습니다.

지미가 아버지를 졸라 늑대를 방으로 들였고, 늑대는 잠시도 자리를 뜨지 않고 지미의 머리맡을 지켰습니다.

처음엔 지미의 병은 심각한 상태가 아니었지만 모두가 놀랄 정도로 병세는 빠르게 악화되었습니다.

결국 지미는 크리스마스 사흘 전, 세상을 떠나고 말았습니다. 늑대는 누구보다도 지미의 죽음을 가슴 깊이 슬퍼했습니다.

　크리스마스 전날 밤, 덩치 큰 잿빛 늑대는 세인트 보니페이스에 있는 무덤까지 장례 행렬을 뒤따라갔습니다. 그리고 멀리 교회 종소리에 대답하듯 처절하게 울부짖었습니다.

　늑대는 집으로 돌아오는 듯했으나 쇠사슬에 묶으려 하자 울타리를 넘어 어디론가 사라져 버렸습니다.

그해 겨울, 덫 사냥꾼 르노드라는 영감이 인디언 여자와의 사이에서 난 예쁜 딸 니네트와 함께 강둑에 있는 작은 통나무집으로 이사를 왔습니다.

르노드 영감은 지미라는 아이가 죽었다는 사실도 몰랐고, 세인트 보니페이스와 포트 게리를 끼고 흐르는 강가에서 이따금 늑대 발자국을 발견하고도 대수롭지 않게 생각했습니다.

허드슨 목장 사람들이 근처에 커다란 늑대가 살고 있다고 경고하자 르노드 영감은 미심쩍어 하면서도 주의 깊게 들었습니다. 사람들은 그 늑대가 밤에 읍내까지 들어올 뿐만 아니라 특히 세인트 보니페이스 교회 근처에 자주 나타난다고 알려 주었습니다.

이듬해 크리스마스 전날, 작년 지미의 장례식 때처럼 교회의 종소리가 울리자 멀리 숲속에서 쓸쓸하고 구슬픈 늑대 울음소리가 들렸습니다. 르노드 영감은 비로소 목장 사람들의 이야기가 사실이란 걸 깨달았습니다.

르노드 영감은 늑대의 울음소리에 대해 잘 알고 있었습니다. 늑대 울음소리는 도움을 청하는 소리, 사랑의 노랫소리, 외로움으로 울부짖는 소리, 그리고 위험에 처했을 때 동료를 부르는 소리 등 다양했습니다. 르노드 영감이 들은 소리는 외로움에 찬 울부짖음이었습니다.

그날 밤, 르노드 영감은 강가로 나가 늑대 울음소리에 화답하는 소리를 냈습니다. 그러자 건너편 숲속에서 검은 그림자가 나타나 얼어붙은 강을 건너더니 통나무 위에 앉아 있는 르노드 영감에게 조심스레 다가왔습니다.

　늑대는 눈에 불을 켜고 르노드 영감 주위를 맴돌면서 킁킁거리며 냄새를 맡았습니다. 그러다가 잔뜩 화가 난 듯 으르렁거리다가 깜깜한 어둠 속으로 사라져 버렸습니다.

　마침내 르노드 영감은 그 늑대의 존재를 알았고 마을 사람들도 읍내에 거대한 늑대가 산다는 것을 확실히 알았습니다. 그 늑대는 호건의 술집에 있던 늑대보다 세 배는 더 큰 늑대였습니다. 그 늑대가 수시로 마을의 개들을 죽였기 때문에 읍내의 개들은 공포에 떨었습니다. 늑대가 술 취한 사람들을 잡아먹는다는 뜬소문까지 나돌았습니다.

그 늑대는 내가 눈보라 치던 위니펙의 겨울 숲에서 본 바로 그 늑대였습니다. 그때는 늑대가 개들을 이길 수 없다고 생각했기 때문에 늑대를 도와주고 싶었습니다. 하지만 늑대가 용맹스럽게 싸우는 모습을 보고 안심할 수 있었습니다.

그 싸움이 어떻게 끝났는지 알 수 없었습니다. 하지만 늑대는 그 뒤로 여러 번 나타났고 그 자리에 있던 개들 중 몇 마리는 두 번 다시 볼 수 없었습니다.

위니펙의 늑대는 기이한 운명을 타고났습니다. 살기 좋은 숲과 들판을 뒤로하고 위험이 사방에 도사리는 읍내에서 살았기 때문입니다. 사람들에게 잡힐 뻔하다가도 가까스로 도망치면서 날마다 위험과 맞닥뜨려야 했습니다.

　사람들을 미워하고 개들을 경멸하며 늑대는 늘 힘겹게 살아갔습니다. 늑대는 술 취한 사람들을 괴롭혔지만 총을 든 사람은 용케도 피해 다녔습니다. 그리고 덫과 독약을 조심할 줄도 알았습니다. 때로는 거기에 조롱의 표시를 남겨 두기도 했습니다.

늑대는 위니펙의 읍내를 속속들이 꿰뚫고 있었습니다. 위니펙에 사는 사냥꾼이라면 누구나 한 번쯤은 어스름한 새벽 공기를 뚫고 번개처럼 지나가는 거대한 늑대를 본 적이 있었을 것입니다. 위니펙의 모든 개들은 바람결에 실려 오는 냄새로 근처에 늑대가 웅크리고 있다는 것을 알고 두려움에 떨었습니다.

늘대에게는 싸움이 곧 삶이었고 온 세상이 적이었습니다. 하지만 이 무시무시한 늑대 이야기에서도 흐뭇한 대목이 있었습니다. 늑대는 단 한 번도 어린아이를 해친 적이 없었습니다.

니네트는 프랑스인인 아버지를 닮아 잿빛 눈동자를 지닌 아름다운 소녀였습니다. 이제 열여섯 살인 이 소녀는 상냥하고 또래 중에서도 가장 아름다웠습니다. 그런데 니네트는 별 볼 일 없는 건달 폴에게 마음을 빼앗겼습니다. 폴은 잘생기고 춤도 잘 춰서 마을 축제에 자주 불려 다녔습니다. 알고 보면 무능한 술꾼일 뿐인데 말입니다.

니네트 아버지인 르노드 영감은 폴이 청혼하러 와도 당연히 퇴짜를 놓았지만 니네트가 폴과 헤어지려 하지 않는 것이 문제였습니다.

그날 니네트는 강 건너 숲에서 폴과 만나기로 약속했습니다. 니네트는 약속 장소로 가는 중에 커다란 잿빛 개가 따라오는 것을 눈치챘습니다.

하지만 개가 무척 친근하게 굴었기 때문에 동네 개로 착각하고 전혀 겁을 먹지 않았습니다. 그러나 폴이 기다리는 장소에 이르자 개가 으르렁거리기 시작했습니다.

폴은 바로 늑대임을 알아채고 잽싸게 도망을 쳤습니다. 비겁하게 여자를 버리고 혼자 가까운 나무 위로 몸을 피했습니다. 그리고는 나뭇가지에 칼을 묶어 늑대 머리를 찔렀습니다. 니네트는 재빨리 강을 건너 폴의 친구들에게 폴이 위험하다고 알렸습니다.

늦대는 사납게 으르렁거리며 폴이 내려올 때를 기다렸습니다. 그러다 마을 사람들이 몰려오자 늑대는 어디론가 사라져 버렸습니다. 착한 니네트는 폴의 궁색한 변명을 그대로 믿어 주었습니다.

어느 날 폴이 다니는 회사의 사장이 폴에게 포트 알렉산더에 있는 거래처에 물건을 배달하는 심부름을 시켰습니다. 사장은 자신이 기르는 에스키모개들을 무척 아꼈습니다. 에스키모개는 꼬리털이 탐스러웠고 매우 거칠고 사나웠습니다.

폴은 뛰어난 개 몰이꾼이었지만 개들을 무자비하리만큼 잔인하게 부렸습니다. 폴은 늘 그렇듯이 독한 술을 몇 잔 마신 채 아침 일찍 출발했습니다.

'이제 일주일 후면 월급날이지. 20달러를 받고 돌아오는 거야. 그리고 그 돈으로 니네트와 결혼해서 멀리 도망쳐야지.'

"자! 출발."

폴은 에스키모개들을 몰아 얼어붙은 강으로 내려갔습니다. 폴은 르노드 영감의 오두막을 지나면서 문가에 서 있는 니네트에게 손을 흔들었습니다. 그리고 강 모퉁이를 돌아 이내 사라졌습니다. 그것이 폴의 마지막 모습이었습니다.

그날 저녁 에스키모개들이 한 마리씩 따로따로 포트 게리로 돌아왔는데 몸 여기저기 핏자국이 있었습니다.

　심부름꾼들이 물건을 찾기 위해 썰매가 갔던 길을 따라갔습니다. 그런데 물건들이 강 상류 1.2킬로미터 거리를 두고 여기저기 흩어져 있었습니다. 그리고 그곳 주위로 피 묻은 폴의 옷 조각이 발견되었습니다. 에스키모개들이 폴을 잡아먹은 것이 틀림없었습니다.

당황한 회사 사장은 현장을 찾기 위해 르노드 영감과 함께 폴이 죽은 곳에서 5킬로미터 떨어진 장소를 찾아갔습니다. 그곳에서 르노드 영감은 동쪽 강둑에서 서쪽 강둑을 가로지르며 썰매를 바짝 쫓아간 큼직한 발자국을 발견했습니다.

르노드 영감은 회사 사장을 돌아보며 말했습니다.

"커다란 늑대입니다."

늑대가 썰매를 계속 따라간 흔적이었습니다. 르노드 영감은 개 썰매가 속도를 늦추면 늑대가 걷고, 개 썰매가 달릴 때는 늑대가 따라 달리면서 썰매를 쫓아간 것을 알아냈습니다.

"그런데 폴은 여기서 뭔가를 떨어뜨렸습니다. 아마도 짐이었겠죠. 그러자 늑대가 냄새를 맡으러 온 겁니다. 냄새로 폴이 예전에 자기 머리를 찔렀던 자라는 것을 알게 된 겁니다."

1킬로미터 정도 더 나아가니 얼음판 위로 썰매를 쫓아갔던 늑대 발자국이 있었습니다. 그러나 폴의 발자국은 보이지 않았습니다.

폴이 썰매를 거칠게 모는 바람에 실었던 짐이 떨어진 것입니다. 그래서 짐들이 얼음판 여기저기 흩어진 것 같았습니다. 가혹한 채찍질에 개들이 죽을힘을 다해 달린 흔적도 남아 있었습니다.

잠시 후 늑대 발자국은 사라지고 미친 듯이 달려간 썰매 자국만 남아 있었습니다. 늑대가 썰매로 뛰어오른 것입니다. 개들은 더욱 정신없이 달렸을 것입니다. 썰매 위에서 늑대의 복수극이 벌어졌고 폴은 썰매에서 굴러떨어졌습니다. 썰매는 방향을 잃으면서 800미터가량을 더 달리다가 강둑의 나무뿌리에 걸리면서 박살이 나고 말았습니다.

르노드 영감은 눈에 찍힌 흔적을 보고 개들이 폴의 시체로 모여들어 배를 채웠다는 사실도 알아냈습니다. 에스키모개들이 나쁜 짓을 했지만 폴을 죽인 것은 분명히 늑대였습니다. 르노드 영감은 잠시 생각했습니다.

"그 늑대였어. 니네트에게 항상 친절한 늑대였는데……."
이 사건 때문에 마을 사람들은 크리스마스 날 대대적인 늑대 사냥을 시작했습니다.

그 사냥에는 데인종 개, 사냥개, 그레이하운드, 그리고 마을에 있는 모든 개와 에스키모개 세 마리도 끼어 있었습니다. 그러나 오전 내내 세인트 보니페이스 동쪽 숲을 샅샅이 뒤졌으나 늑대는 찾을 수 없었습니다.

　정오가 지나고 읍내 서쪽 아시니보인 숲 근방에서 늑대 발자국이 발견되었다는 연락을 받은 뒤 사냥꾼들은 늑대가 남긴 흔적을 쫓아갔습니다.

　늑대는 개를 두려워하진 않았지만 총을 가진 사람은 위험하다는 걸 잘 알고 있었습니다. 늑대는 아시니보인 숲속으로 달아나려 했고 말을 탄 사냥꾼들은 벌판으로 늑대를 몰았습니다.

늑대가 콜로니 골짜기로 내려가면서 총알을 피하며 달렸습니다. 늑대는 총알을 피할 수 있는 골짜기를 계속 찾아다녔습니다. 개들도 바짝 쫓아왔습니다. 아마 늑대는 개들만 쫓아온다면 40대 1, 아니 50대 1이라도 해 볼 만한 싸움이라고 생각했을 것입니다.

개들이 늑대를 빙 둘러쌌습니다. 그러나 감히 한 마리도 섣불리 달려드는 개는 없었습니다. 그중 사냥개 한 마리가 뛰어올랐지만 이내 늑대에게 옆구리를 물려 죽었습니다.

말을 탄 사냥꾼들은 이 광경을 멀리 떨어져 지켜보았습니다. 늑대가 다시 읍내 쪽으로 달리자 개들도 함께 늑대를 뒤따랐습니다.

읍내에는 집들이 가까이 있었기 때문에 사냥꾼들은 총을 쏠 수 없었습니다. 개들은 더 이상 늑대가 도망갈 틈을 주지 않고 포위망을 좁혀 갔습니다.

3년에 걸친 기나긴 싸움 끝에 위니펙의 늑대는 홀로 적들 앞에 섰습니다. 그러나 개 40마리와 그 뒤를 지키는 총을 든 사냥꾼들 앞에서 결코 기죽지 않는 자태였습니다.

늑대는 지난날 겨울, 숲에서 보았던 것처럼 치켜 올라간 이빨, 탄탄한 근육, 그리고 빛나는 초록색 눈동자를 이글거리며 당당하게 적들과 맞섰습니다.

선두로 나선 개는 불도그였습니다. 바닥을 질질 끄는 무수한 발소리와 컹컹, 으르렁, 개들의 아우성이 주위에 울려 퍼졌습니다. 동시에 늑대는 번개처럼 몸을 날렸습니다. 개들은 세 번, 네 번 덤벼들었지만 여지없이 물렸습니다. 불도그도 늑대 발치에 쓰러졌습니다. 개들은 늑대의 용맹함에 기가 꺾여 뒷걸음질 치기 시작했습니다.

늑대의 딱 벌어진 가슴은 더욱 탄탄해 보였습니다. 늑대는 초조히 다음 공격을 기다리다가 몇 발짝 앞으로 나섰습니다.

아! 그것은 사냥꾼들이 기다리던 절호의 기회였습니다. 엽총 세 자루가 동시에 불을 뿜었습니다. 총알은 정확하게 늑대를 명중시켰습니다.

늑대는 눈밭에 쓰러졌습니다. 일생 동안 벌여 온 전투가 막을 내리는 순간이었습니다. 끊임없는 시련 속에서 살아온 3년의 짧은 생을 마감한 것입니다.

위니펙의 늑대는 고귀한 죽음을 택했습니다. 비록 죽음을 맞았지만 그 대신 영원히 지워지지 않는 위대한 이름을 남겼습니다.

누가 이 늑대의 마음을 헤아릴 수 있을까요? 늑대는 왜 시련이 끊이지 않는 읍내를 떠나지 않았을까요?

결코 갈 곳이 없어서가 아니었습니다. 위니펙 일대는 자연이 끝없이 펼쳐져 있었고 어디에나 먹을 것이 풍부했습니다. 인간에게 복수를 하려고 읍내에 남아 있었던 것도 아니었습니다. 복수를 위하여 일생을 바치는 동물은 없습니다. 그런 사악한 마음은 인간에게서나 볼 수 있는 것입니다. 동물은 평화를 사랑합니다.

　늑대가 읍내를 떠나지 못했던 이유는 오직 한 가지였습니다. 그것은 한 소년이 준 강력한 사랑의 힘이었습니다.

　이제 늑대는 세상을 떠났습니다. 그러나 요즘도 크리스마스 전날 밤에 세인트 보니페이스 교회의 종소리가 울리면 근처 숲속 무덤에서 으스스하고 구슬픈 늑대 울음소리가 들린다고 합니다. 그 무덤은 이 세상에서 늑대를 사랑해 준 단 한 사람, 소년 지미가 잠든 곳이었습니다.

※ 늑대의 시체는 박제로 만들어 시카고 세계 박람회에 전시되기도 했다. 그러나 그 박제는 안타깝게도 1896년 멀비 중학교에 화재가 났을 때 학교 건물과 함께 잿더미가 되고 말았다.